Klaus Hirschburger

Im Donner des Herzschlags

30 Gedichte in Auswahl

© 2019 Klaus Hirschburger, Nikolai Karo, susann bieling

Herstellung und Verlag:
BoD - Books on Demand, Norderstedt

ISBN: 978-3-7322-8919-6

Klaus Hirschburger

Im Donner des Herzschlags

Fotografie Nikolai Karo
Figurinen susann bieling

Hope is a fearsome friend
E. Brontë

There`s a crack in everything, that`s how the light gets in
L. Cohen

1. Ich hab gewusst, dass es Dich gibt
2. Park
3. Der Rest vom Mädchen
4. Autorität
5. Im Donner des Herzschlags
6. Fasan
7. Lippen
8. Kanu
9. Familie am Sonntag
10. Skizze vom Fluss
11. Der längste Tag
12. Schulweg
13. Angst und Schuld
14. Geboren am 4. Februar
15. Mittagslangeweile
16. Anfang und Ende
17. Unter Tage, im Wortbergbau
18. Apathie und Euphorie
19. Kalter Knochen
20. Jeder will nach Hause
21. Gemälde der Rache
22. Leeres Blatt
23. Strenge
24. Halb Mensch halb Hai
25. Zwischen allen Stühlen
26. Traum von Flucht
27. Engel wider Willen
28. Wolken
29. Zwei Nächte
30. Wort

Ich hab gewusst, dass es Dich gibt

Ich hab gewusst, dass es Dich gibt
Ich habs nur zwischendurch vergessen
Dem warmen Schock vom ersten Blick
keine Bedeutung beigemessen

Kein Schlaf, der nicht auf Träume traf
Als Senklot unserer Gedanken
Als Armutszeugnis, weil wir reich
an Oberflächlichkeit erkranken

Ruhe am Morgen, Geruch von Gras
Das was man unergründlich liebt
es liegt zufällig neben mir
Ich hab gewusst, dass es Dich gibt

(2018)

Park

Der Bus hält hier wegen Bauarbeiten
Zwei Haltestellen muss man gehen
Die Kinder haben noch niemals Gärten
und Häuser wie diese gesehen

Die Rollen des Buggys rattern erbärmlich
es ist auf einmal furchtbar heiss
zum Glück taucht am Fluss gerade ein Park auf
und alle bekommen zur Feier ein Eis

Der Verkäufer mustert stumm ihre Kleidung
und achtet dass man die Holzstühle schont
Hochherrschaftlich thront ein Gründermuseum
weiße Schiffe schmücken den Horizont

Ihre Welt ist sonst immer eingeschlossen
an Backsteinwänden stoppt der Blick
und Mutter weiß die diskrete Weite
führt sie schon bald wieder dorthin zurück

Das frohe Lachen dauert unendlich
bis man schließlich weiter zum S-Bahnhof muss
noch Tage später schnürt`s ihr die Kehle
beim Gedanken vom glücklichen Park am Fluss

(2007)

Der Rest vom Mädchen

Ein Vogel ohne Federn
Das dürre, blutleere Wesen
Es ist der Rest vom Mädchen
ganz vorn am Coffee-Shop-Tresen

Sie denkt, bisher sieht es noch keiner
Panik im Blick bei zitternden Knien
erzählt von der Neuorientierung
Knoten gelöst, dem Schicksal verziehn

Der vegane Wrap ist Attrappe
Normalerweise isst sie sehr viel
Die Karriere braucht eine Pause
Was wäre das Leben ohne ein Ziel

Man hat nur geliebt werden wollen
trotz der Jury, den Casting-Genossen
Denn die, sagt der Rest vom Mädchen
die gehören standrechtlich erschossen

(2017)

Autorität

Die Fotoränder verblassen
Das Zentrum aber stimmt
Ihre stechend klaren Augen
Deren Plan ihr keiner nimmt

Geht der Weg auch hier zu Ende
Kommt die Einsicht auch sehr spät
Sie war so wie auf dem Foto
Voll natürlicher Autorität

(2016)

Im Donner des Herzschlags

Im Donner des Herzschlags
auf 4000 Meter
im lautlosen Kampf
mit dem eigenen Ich

Der Bruchharsch funkelt
Der Sturm hisst die Fahne
Keins der Atome
interessiert sich für Dich

Im Sauerstoffstrich
der Himmelsellipse
ist ausreichend Platz
für Liebe und Tod

Das Leben will immer
am Leben bleiben
Im Donner des Herzschlags
im Morgenrot

(2009)

Fasan

Corinth, Caravaggio oder Monet
Wer war das noch gleich mit dem toten Fasan
Es beginnt mit dem Bild an der Restaurant-Wand
und endet einträchtig im Google-Wahn

Sieh an, der Monet - ist das Bild rechtlich frei?
Ach, ziert Euch nicht so, was ist schon dabei

Wenn man schon mal im Netz ist, dann kann man auch checken
in wie fern sich Hoffnung und Weltlage decken

Zeitlos und still kreuzt Monet unsre Bahn
und mit und dank ihm ein toter Fasan

(2017)

Lippen

Ich trink Deine Lippen
Ich schmeck Deine Haut
als letzte Gewissheit
der man sich anvertraut

Der Bogen der Brauen
der Lider Verlauf
Ich trink Deine Lippen
und dann wachst Du auf

(2016)

Kanu

Eines Nachts ist
aus der Kanuflotte
eins ausgebrochen
ohne Ruder und scheinbar leer
doch ab da hat allen
etwas gefehlt

Dann taucht im Dorf
ein Mann auf
zu gut angezogen
um von hier zu sein
bezahlt mit Muscheln
und kleinen Knochen
und will
wieder und wieder
die Geschichte hören
vom Kanu das von allein fortschwamm

(2009)

Familie am Sonntag

Reiche Kinder mit trotzigen Tränen
Frau mit Lippen, die sich schämen

Lage zerrüttet, die Mienen kalt
Mann am Limit, als Vater zu alt

Familie am Sonntag, das Auto riecht
wie der Hund, der sich in sich selbst verkriecht

Es gab wieder Streit, jeder weiß sich im Recht
Lappalien-Ventil, dem Jüngsten wird`s schlecht

Für den geht`s zum Fußball, bester Club hier im Land
Für die Tochter zum Tennis, mit Swarovski-Armband

Der Mann geht zum Golfen, der Hund bleibt allein
Die Frau nimmt im Clubhaus 1 bis 2 Gläschen Wein

Ebenbürtig die Freundin, die ihr amuse gueule kaut
Es gibt nichts als Probleme, wohin man auch schaut

Sieh nur die Bedienung, was ist mit der Welt los?
Nichts gegen Schwarze, doch ihr Haar riecht wie Moos

Wir hatten´s doch auch schwer, haben wir je geklagt?
Man liebt nur die Heimat, die man selbst überragt

Ende der Armut, das war der Auftrag
Nichts ist schöner als Familie am Sonntag

(2016)

Skizze vom Fluss

Im dunklen Wasser am Ufer
in dem die Forellen stehen
weht Hexenhaar in die Strömung
auf der Strudel stadteinwärts drehen

Der Fluss verharrt in Bewegung
Das Bild zwingt Struktur in die Knie
Das dunkle Wasser der Kindheit
Keiner skizziert so wie sie

(2017)

Der längste Tag

Der längste Tag, Gedanken sprengen
die Tür, die lang verschüttet war
Der Mond, das Haus, die ersten Vögel
die Luft seit heute kalt und klar

Wer hat hinter den stummen Fenstern
geschrieen in notlosem Streit
und welches Paar, in Nachfolge
kämpft nun den Kampf gegen die Zeit

Die Bilder, die dem Mensch zufallen
und tiefer reichen als sein Blut
Dein Schoß, Dein Atem, früh am Morgen
die Leidenschaft, die in sich ruht

Ein Zeitungsmann rumpelt vorbei
ein Pärchen schwankt, die Nacht verrinnt
Die Sonne steigt, als ob für uns
der längste Tag nochmal beginnt

(2018)

Schulweg

Letzte Tage eines falschen Sommers
Punkt 8 geht`s die S-Bahn-Treppe hinauf
Bruder und Schwester aus Richtung Äthiopien
Der Schulweg ist ein Spießrutenlauf

Es hat sich im Grunde nicht viel verändert
Lachen und Gehen, der Weg ist bekannt
Doch hier drehen sich an der Schule die Köpfe
Kein Jeep, keine Eltern, nur die 2 Hand in Hand

Morgensport hilft, auch mir Europäer
Er erfüllt seinen biochemischen Zweck
Plötzlich war`s Herbst mit jammernden Blättern
Und die stolzen Geschwister für immer weg

(2016)

Angst und Schuld

Die Vergangenheit ist vorbei für Dich
nur weiß das die Vergangenheit nicht

Kriegsenden machen ansonsten euphorisch
der Friedensschluss war aber nicht historisch

Denn Angst und Schuld sind kalte Schwestern
die eine lebt heute, die andere im Gestern

Das Leben geht weiter, und sie holen Dich ein
am Sonntag, wenn`s regnet, und Du bist allein

Schlimm sind die Szenen im Suff und auf Drogen
wenn man sich um Kopf und Kragen gelogen

Wer hat als erstes geweint, geschrien
wer war mehr drauf, wer hat wem verziehn

Am schlimmsten ist: Du warst völlig nüchtern
dann warst Du kein Mensch, sie verletzt und schüchtern

Zwischen Mann und Frau herrscht ein Bangen und Hoffen
und die Skala ist immer nach unten offen

Das Wunder des Sex kann man drehen und wenden
auch die Unterwerfung muss einmal enden

Wollte man sich nur vervollständigen
um die Gier in sich zu bändigen

Oder lieben um der Liebe willen
um den Hunger im Fleisch mit ihr zu stillen

Ohne Zurück, wie kommst Du je heim
warum erstickt jedes Glück im Keim

Doch die Sehnsucht ist stark in ihrer Geduld
nur sie nimmt es auf mit der Angst und der Schuld

(2006)

Geboren am 4. Februar

Es war als Kind schon immer unmöglich
Bei der Feier aufs Wetter zu zählen
Wenn die einen Gäste schniefen und husten
Während andere mit Fieber ganz fehlen

Später im Leben findet man Trost
Die Mai-Nacht warm und sternenklar
Aus einer solchen stammt man her
Geboren am 4. Februar

(2016)

Mittagslangeweile

Die Mittagslangeweile döst
mit dem dicken Sommerkind
Die Schwingen lustlos eingezogen
schmollt im Westen Gewitterwind

Die Segel der Boote klinkern lasch
drei Möwen salutieren am Pier
nichts wird gewagt und nichts geht verloren
die ganze Trägheit der Welt greift nach Dir

Ernsthaft der Leuchtturm
Insekten brummeln
Bis sich lustig im Kopf
Melodien tummeln

Frau am Steg
auf der Hoffnungen ruhn
mit den Beinen baumelnd
wie Mädchen es tun

Der Mittagslangeweile
träger Moment
der sich unwiderstehlich
Dir ins Gedächtnis brennt

(2009)

Anfang und Ende

Jeder Anfang birgt ein Ende
Jeder Plan ist Illusion
Jeder Weg stößt gegen Wände
nur wer sich wehrt, kommt heil davon

Projektion ist jede Arbeit
Protektion jedes Gefühl
Jedes Herz sehnt sich in Wahrheit
nach der Klarheit, glatt und kühl

Jeder Reichtum macht verwahrlost
und in Armut stirbt das Glück
Alles Schlechte wird verharmlost
doch es fällt auf uns zurück

Jedes Leben geht durch Hände
Nicht kaputtgehen ist die Kunst
Jeder Anfang birgt ein Ende
Jede Liebe ändert uns

(2006)

Unter Tage, im Wortbergbau

Unter Tage, im Wortbergbau
hört man verzweifelte Lieder
man macht sich gegenseitig Mut
und trifft Mithäftlinge wieder

Der Schilling starb erst letzte Woche
an einem Kurzroman
Bei Wendel fängt vom vielen Dichten
der Darmverschluss neu an

Scholder steckt in Schwierigkeiten
mit Nuklearwaffentransport
Hirschburger gräbt und gräbt seit Tagen
nach dem einen richtigen Wort

Unruhe, Chaos und Anarchie
scheinen vergessen und vorbei
wann erklingt im dunklen Gewölbe
endlich der helle Entdeckerschrei

Kläglich war der Betriebsausflug
die Sonne hat nicht scheinen wollen
Lemuren mischten sich unters Volk
und verschwanden bald wieder im Stollen

Die Welt da oben ist nicht zu ertragen
man macht sich lieber hier unten schlau
sammelt die Steinchen und träumt von Flözen
unter Tage, im Wortbergbau

(2007)

Apathie und Euphorie

Euphorie und Apathie
Zu Tode erschöpfte Wanderer
Hirn vollgestopft mit einem Wust
von absurden Plänen anderer

Die Hoffart bleibt ein toter Ort
Geld und Macht sind jedem zu gönnen
Man hört die Signale, sieht das Licht
ohne sie zuordnen zu können

Wo posiert wird, steht ein Team
und wo Krieg ist, gibt es Bilder
Wer braucht einen Unterschied
Mach es groß, schmutzig und wilder

Leb den Traum, werde ein Chip
Elite oder Herdenvieh
Warten bis die Stunde kommt
Apathie und Euphorie

(2018)

Kalter Knochen

Er ist und bleibt
Ein kalter Knochen
Professionell
In Erz gestochen

Niemals nachgeben
Sich niemals irren
Problemknoten sichten
Und entwirren

Die Wahrheit ist:
Das stimmt so nicht
Etwas lauert hinter
Dem Fischgesicht

Es ist fürchterlich heiss
Auf der Herrentoilette
Er schwitzt und er kotzt
Als Teil der Nahrungskette

Aufsichtsratssitzung
Die Anleger kochen
Der Boden entgleitet
Dem kalten Knochen

(2016)

Jeder will nach Hause

Jeder will nach Hause kommen
in ursprünglicher Gestalt
Jeder ist allein geschwommen
und der Ozean war kalt

Jeder will zu Hause wohnen
wo die Wunder reiner sind
sich bewahren und belohnen
sich entdecken wie ein Kind

Großes Glück schlägt kleine Wellen
grober Fels kriegt feinen Schliff
Jeder Spiegel zeugt von Stellen
die man früher nicht begriff

Gier und Chaos haben Pause
wenn die Lage sich zuspitzt
Jeder von uns will nach Hause
wo die Ruhe Macht besitzt

(2006)

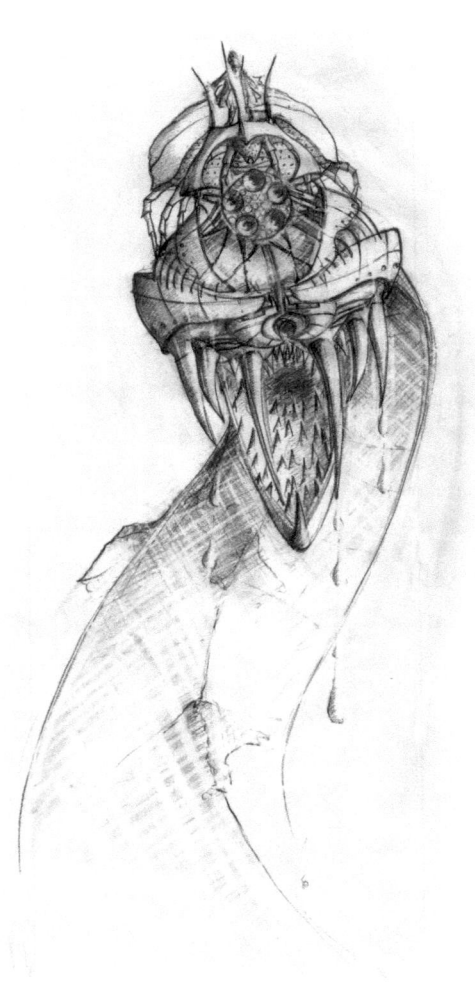

Gemälde der Rache

Gemälde der Rache
Symphonien der Wut
Die Ohnmacht spuckt Gift
und Galle ins Blut

Der Stachel der Kränkung
sitzt tief wie die Scham
die allem was gut war
die Zukunft nahm

Nie wieder ganz frei
nie ganz bei der Sache
Du malst unaufhörlich
Gemälde der Rache

(2010)

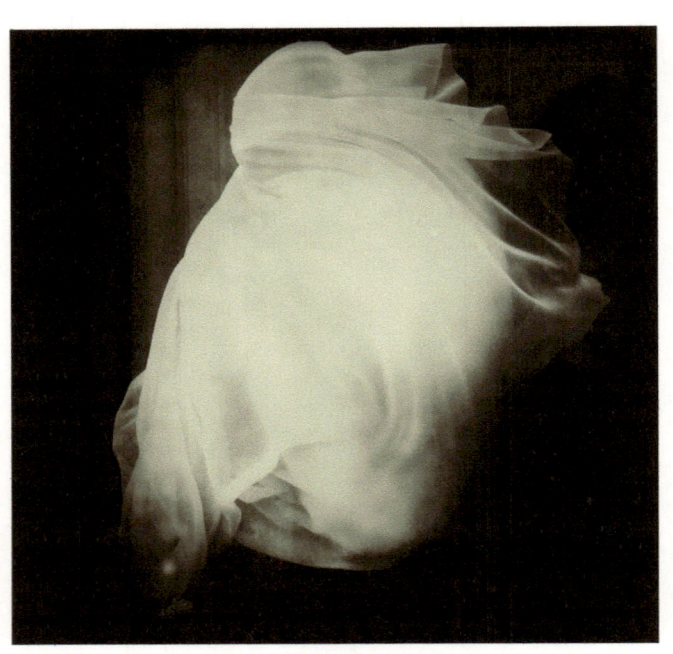

Leeres Blatt

Die Angst vorm leeren Blatt Papier
liegt seit Äonen hinter Dir
Doch Du erinnerst Dich verschwommen
sie wird ganz sicher wiederkommen

Das leere Blatt Papier an sich
ist rein und meint zum Glück nicht Dich
schaut konsequent an Dir vorbei
Du bist ihm völlig einerlei

Du gehst ganz ruhig auf und ab
das Hirn kommt langsam mit auf Trab
jedoch will sich in dessen Zellen
gerade kein Galopp einstellen

Das leere Blatt nimmt Witterung auf
und Selbstentblößung mit in Kauf
liegt nackt und schön wie eine Frau
und ist wie sie abgrundtief schlau

Gleichgültig bis zum ersten Kuss
der bombenähnlich sitzen muss
schießt bis ins Mark das süße Gift
das dort Verbündete antrifft

Vernunft muss purem Chaos weichen
der Aufruhr ist ganz ohnegleichen
und wenn schon die Idee nicht wächst
dann der Gedanke hin zum Sex

Es ist in Worte nicht zu fassen
wie sehr Du`s satt hast, Dich zu hassen
Doch nützt es nichts, raus aus der Wohnung
das Handy auf Wahlwiederholung

Sie hatte sich das schon gedacht
weiß, was der Sommer aus uns macht
Daher ist sie verständnisvoll
und findet den Besuch ganz toll

Der letzte ist sehr lange her
an die 5 Stunden oder mehr
Sie arbeitet, der Cursor blinkt
während man ineinander sinkt

Der Heimweg im Gewitterregen
bringt mit der Nacht Ideensegen
Das Thema ist schnurzpiepegal
und Ton und Wort nicht länger Qual

Es kommt alleine darauf an
dass man sich gut verstellen kann
Und ewig fließt wie jetzt und hier
der Mensch aufs leere Blatt Papier

(2006)

Strenge

Du trägst die Strenge nur nach außen
und Du tust das vorbildlich
Wir sind Wachs in unseren Händen
sich zu wehren, erübrigt sich

Das Unaussprechliche, das bindet
wenn alle friends und likers sind
und nur einer kannst Du trauen
ganz bedingungslos und blind

Ich erinnere mich an Flüge
zahllos wie die Fahrten mit der Bahn
Immer hast Du mich begleitet
wenn die Nacht kein Ende nahm

Dieser Schatz ging jäh verloren
schuldlos, unabänderlich
Unsre Strenge ist nur Maske
deshalb denke ich an Dich

(2018)

Halb Mensch halb Hai

Halb Mensch halb Hai
Eiskalt und leise
Ewige Unruhe
Einsame Kreise

Schweigen ist grausam
die Ruhe trügt
Wenn man sich gemeinsam
bitter belügt

Halb Mensch und ganz Wolf
Man bleibt unter sich
Halb Mensch halb Hai
Und was ist Ich

(2009)

Zwischen allen Stühlen

Plötzlich ist man auf Distanz
hört auf im Dreck zu wühlen
Als Zuschauer hält man sich raus
sitzt zwischen allen Stühlen

Bei Werbung, Film, TV, Musik
scharren mit ihren Füßen
Anwälte, diesmal ohne Dich
Sie lassen trotzdem grüßen

Mittsommernacht, Welt zieht vorbei
Man lauscht Geschichten Fremder
Die Sehnsucht bleibt, ganz einwandfrei

Dazu braucht`s zwei, die was bedeuten
Dort zwischen allen Stühlen
wo immer alle Glocken läuten

(2018)

Traum von Flucht

Es träumt einer den Traum von Flucht
endlos und immer. Nur zum Schein
lebt er beharrlich mit der Sucht
es darf ein schneller Tod auch sein

Die Erde weich und weit genug
das teure Volk strampelt bequem
auf Flügen Schnaps, im Sitzbezug
träumt er von Flucht - aber mit wem?

Alleine, weiß er, geht es nicht,
klappt die Broschüre, lacht das Vieh
aus Angst vor Winden, schlechter Sicht,
dann allerdings lachen sie nie

Ein Nachbar lehnt sich und erklärt,
die Wange lappt, der Mund voll Schaum,
warum er welchen Wagen fährt,
absetzbar freilich, sonst wohl kaum

Vom Urlaub kennt er eine Bucht -
die Erde weich, er lag allein
kündigt zum Ersten, träumt von Flucht,
schenkt sich zur Landung einen ein

(1988)

Engel wider Willen

Oben hält soviel zusammen
Meist sind es Geld und Kokain
Stolz auf die Eiseskälte
Die wie er nicht weiß wohin

Fotos werden dann rundum gezeigt
Keine Yachten, Jets und Villen
Selfies von der Frau und ihm
Mit den Kindern, Engel wider Willen

Hass aufs Unten hält zusammen
Er tut das, was er am Besten kann
Und schickt die Engel wider Willen
In die Hölle, die mit ihm begann

(2015)

Wolken

Ziehen wundergroße Wolken
die des Himmels Gleisen folgen

langsam lautlos explodieren
zu Atompilzen gefrieren

werfen wechselfließend Schatten
Riesen winken aus Fregatten

Menschlein, hör, wir sahn sie doch
und sie liebt dich immer noch

(2000)

Zwei Nächte

Es sind und waren nur zwei Nächte
von denen ich nicht mehr erwache
Bei Tag stehe ich ohne Rechte
ob sie noch atmet: ihre Sache

Es sind und bleiben nur zwei Augen
sie sahn nur Menschen, die nichts taugen

Nicht was geschehen, nur das Wie
Zwei Nächte für mich Zeit genommen
mit langen Armen fortgeschwommen
Bleiben zwei Augen und was sagen sie
ich weiß ja: mich bekommst Du nie

(1986)

Wort

Ich suche das Wort
Das Dich beschreibt
Und dies eine Mal
Bei der Wahrheit bleibt

Das Glück komprimiert
Zu Sonne und Licht
Ich suche das Wort
Und finde nur Dich

(2015)